VENTE

du Lundi 22 Octobre 1900

HOTEL DROUOT, salle n° 8

à 2 heures

ESTAMPES

anciennes et modernes

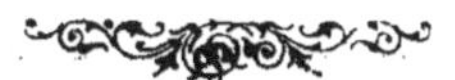

DESSINS

M͏e Maurice DELESTRE, Commissaire-Priseur
5, Rue St-Georges

M. Loys DELTEIL, artiste-graveur, expert
67, Rue Ste-Anne

VENTE

du Lundi 22 Octobre 1900

HOTEL DROUOT, salle n° 8

à 2 heures

ESTAMPES

anciennes et modernes

DESSINS

M⁰ Maurice **DELESTRE**, Commissaire-Priseur
5, Rue St-Georges

M. Loys **DELTEIL**, artiste-graveur, expert
67, Rue Ste-Anne

CONDITIONS DE LA VENTE

Elle sera faite au comptant.

Les acquéreurs paieront *cinq pour cent* en sus des adjudications.

M. Loys Delteil, remplira les commissions que voudront bien lui confier les personnes ne pouvant y assister.

MM. les amateurs pourront visiter la collection *67, Rue Ste-Anne, les 19 et 20 Octobre de 9 h. à 4 heures.*

EXPLICATIONS DES ABRÉVIATIONS

B. ép.	Belle épreuve
Tr. b. ép.	Très belle épreuve
Sup. ép.	Superbe épreuve
M. ou m.	Marge
Gr. m.	Grande marge
T. m.	Toute marge
avt. l. l.	avant la lettre
avt. le no	avant le numéro

DÉSIGNATION

ESTAMPES

Affiche

1 — Affiche pour Mélaïna, par *Jean Béraud* (père) in-fol Très rare. On y a joint une feuille de croquis originaux en vue de cette affiche.

Alix (P.M.)

2 — Mably (abbé). In-fol. B. épr. impr. en coul., m.

Alix et Levachez

3 — Le Cheval de poste — N° 28 (3e suite de chevaux). Deux p., d'apr. Morland et Vernet. B. ép.

Allemand (Hector)

4 — Paysages. Cinq p. in-4. Tr. b. ép. rares.

Amérique (Estampes relatives à l')

5 — Arrivée des Français à la Désirade — Vue générale de la Havane — Allégorie en l'honneur de La Fayette. Trois p. in-fol. B. ép.

Baléchou (J.J.)

6 — La Force (Mme de Chateauroux), d'ap. Nattier. B. ép.

Benwell (d'aprèsJ.H.)

7 — *A St Giles's Beauty*, par G. Zancon. B. ép. imp. en bistre.

BOIS ANCIENS & CAMAÏEUX

8 — **ANDREANI** (Andrea) Jésus mis au tombeau, d'aprés Raphaël de Reggio, 1585. (B. 24). (camaïeu). Tr. b. ép. rare.

9 — L'Adoration des Mages, Parmesan 2⁰ état (2) — St Jean-Baptiste (17). Ste Madeleine. Trois p. camaïeux Tr. b. ép.

10 — **CARPI** (Ugo da) Sibylle, d'aprés Raphaël (B.6.) et copie — Circé (6 et 8) — St Pierre et St Jean, copie. Quatre camaïeux. B. ép. rares.

11 — **MAITRE AU NOM DE JÉSUS.** St Jérôme — Un Apôtre ? Deux p. *non décrites*, la 1ère impr. en camaïeu T. b. ép. rares.

12 — **MATHEUS** (Georges). Jésus prêchant devant le Temple, d'après Raphaël (B. 12), camaïeu. Tr. b. ép. rare.

13 — **TRENTE** (Ant. de). La Sibylle Tiburtine et Auguste, d'apr. Parmesan (B. 7 et 8) B. ép.

14 — **DIVERS.** St Pierre prêchant, par U. da Carpi (B. 25, 2e état) — L'Amour endormi, par B. Coriolano (2) — La Foi, par Andreani (1) — Mars, par Goltzius (230) — St François recevant les stigmates, par Boldrini (59). Cinq p.

15 — **JEGHER.** Hercule terrassant l'Envie, d'apr. Rubens. Grand in-fol.

16 — **BUSINCK** (L.) Ste Famille, d'apr. Lallemand. (LeBl. 3). Tr. b. ép. camaïeu.

17 — Frontispices — Sujets religieux — Fleurons. Cinquante p. du XVIe siècle.

Boîtes et Tabatières (Dessus de)

18 — Sujets divers. Vingt petites pièces.

Bonington (R.P.)

19 — Église de l'Abbaye de Tournus — Pesmes. Deux p. sur chine.

Boucher et Pater (d'après)

20 — La Marchande de modes — Le Déjeuné — La Courti-
sane amoureuse. Trois p. par R. Gaillard. Lépicié, et
Filleul. B. ép., une restaurée.

Bouchier (Jean)

21 — La Vierge et l'Enfant Jésus (R. D. 1). B. ép. Fort rare.

Buhot (Félix)

22 — Pierrot pendu (G. B. 49), rare — Pêcheur de varech
(36 bis) Deux p. B. ép.

23 — Pluie et parapluie (68, 2ᵉ état) — Couvre-Feu (66, 2ᵉ
état) — Les Anes de la Butte aux Cailles (74) — Femme
assise (46). Cinq p. B. ép.

Caricatures

24 — *La Caricature — Association mensuelle*. Vingt p.
par Grandville, Raffet, Traviès.

Carmontelle (L. C. de)

25 — Besenval (de) (P. de B. 1) Tr. b. épr., m.

Cipriani (d'après J.B.)

26 — Pièce allégorique sur l'institution de la « *Royal acade
of arts instituted*, 1768 », par W. Ryland. Tr. b. ép. t.
m. impr. en bistre.

Coiffures

27 — *Coëffure à la nation*. B. ép. coloriée.

Coqueret (P.C.)

28 — Pichegru, d'après H. Le Dru. In-fol. B. ép., m.

Costumes

29 — Costume Parisien (*Lamesangère*), An 9 à an 11. Vingt p. B. épr. color.

30 — Costumes des Théâtres de Paris (Martinet), pl. 100 à 300. Cent-cinquante p. B. ép. coloriées.

Daullé (J.)

31 — Pélissier (Mlle). d'apr. Drouais. B. ép. doublée.

Daumier (Honoré)

32 — Le Ventre législatif. B. ép., une déchirure en marge raccomodée, (a été pliée en deux)

Debucourt et Schwartz

33 — Barrières de Paris : La Gare — Ménilmontant — Vincennes — Charenton — Bercy. Cinq p. B. ép. color.

Desrais (d'après)

34 — Viala (Agricola), par Pitou. Tr. b. ép. impr. en coul. Très rare

Detaille (Édouard)

35 — Le Drapeau du 1er Hussards, 1897. Lith. gr. in-fol. Tr. b. ép. sur chine.

Divers

36 — Cartes à jouer de la Révolution — *Grande course au clocher académique*, par Grandville — Caricatures russes, fac-simile, etc. Trente p. B. ép.

37 — Plutarque Français 15 pl. — Vignettes du 18e siècle — Ornements. En tout trente-cinq p.

38 — Sujets religieux — Paysages ornés de figures. Trente six p. in-fol. pa. H. Goltzius, N. de Bruyn, C. Bos, Sænredam, Collært, etc, B. ép.

39 — Études patronymiques — Sonnets du docteur — Al-
manachs — Sujets divers. Trente-sept p. par Rops, De-
véria et Cham. B. ép.

40 — Sujets — Paysages. Quarante p. par Péquegnot),
Trimolet, Potémont etc. B. ép.

41 — Demachy (J.F.), pharmacien — Portraits, sujets, paysages, — Vues de France, etc. Cinquante p. et dessins.

42 — Sujets divers. Vingt-trois p. par ou d'apr. Decamps,
et Eug. Delacroix. B. ép.

43 — Un album contenant cinquante p., par ou d'ap. Alb.
Durer, Aldegraver, Beham, Stephanus, J. Binck et plusieurs ex-libris.

44 — Un album contenant deux cents pièces anciennes
par divers artistes.

Durer (A.)

45 — La Grande passion — La Ste Face. Quatorze p.
reproductions in-fol.

Eaux-fortes modernes

46 — Sujets divers et Paysages. Trente p. par Chauvel,
Bracquemond, Rajon, P. Huet. B. ép. plus., avant l. l.

47 — Vues de Paris — Sujets divers. Trente p. par Bracquemond, Rops, Daubigny, Jacquemart, H. Somm, etc
B. ép.

48 — Sujets divers — Paysages. Quatre-vingt p. par Ch.
Jacque, L. Flameng, Rajon, etc. B. ép.

Écoles Française et Anglaise

49 — Emma — Edwin and Angelina — Henry et Emma —
Le Fils puni. Cinq p. par Cosway, Marcuard, Moreau le
jeune.

50 — Sujets gracieux — Portraits de femmes. Vingt petites
p. B. ép.

51 — Scènes diverses — Adresses — Vignettes etc. Quatre
vingt p.

École Française (XVIII⁰ siècle)

52 — Passage du ruisseau, par Petit, d'apr. Garnier, av^t l.
l. — Petit Waux-hall, par Wille fils — Les Délices
maternelles par J.G. Wille. Trois p. in-fol.

53 — La Curiosité satisfaite — Marchand d'orviétan — La
Belle Jambe — L'Hymen et l'Amour. Cinq p. par Bonnet,
Pitou, Beauvarlet, deux impr. en coul.

54 — Sujets divers. Dix p., par Demarteau, Choffard, Du-
flos. B. ép.

Estampe et l'Affiche (L')

55 — *L'Estampe et l'Affiche*, revue d'art 1897-1899, Col'.
complète, l'un des 36 exempl. de luxe. (Epuisée), avec
eaux-fortes de Boilvin, Legrand, Fantin-Latour, Chahine
Loys Delteil, etc.

Estampes japonaises

56 — Sujets divers. Cent-douze p. Tr. b. èp.

Fêtes (Estampes sur les)

57 — Illuminations et Feux d'artifice exécutés à Paris au
XVIII⁰ siècle. Six p.

Flameng, Gaillard

58 — Mme Devauçay — Mme Pasta — Hipp. Le Bas — La
Nuit. Quatre p., en ép. d'artiste.

Fortuny (M.)

59 — Garde de la Casbah à Tetuan (H. B. 5). Tr. b. ép.
d'artiste.

Fragonard (d'après H.)

60 — Le Gascon puni, par L. Halbou. Belle et rare ép. imp.
en couleurs av^t t. l., m.

Frontispices et Titres de livres

61 — Recueils de chevaux, par C. et H. Vernet — Paul et
Virginie, Curmer 1838 — L'Hôtel des Haricots — Le
Rabelais de poche, Poulet-Malassis, 1860 — Fables de
La Fontaine, par Grandville — La Peau de chagrin, par
Balzac — L'Eventail, L'Ombrelle, d'Oct. Uzanne, ép. sur
soie — Chants et chansons populaires de la France, 3
titres diff. 1843-1844, etc. Trente p.

Gaucher (C.E.)

62 — Diderot, d'apr. Greuze. In-8. B. épr. avt l. l., m.

Gautier-Dagoty père

63 — Sujet mythologique, d'après J. Romain. B. ép. impr.
en coul. très rare.

Gavarni

64 — 1er dizain de Mme Gavarni, dans la couverture de
publication.
65 — D'après nature — Parci, par là. Quarante-huit p. B. ép.
66 — Sujets extraits de l'Artiste. Quarante p. B. ép.

Guérard (Henry)

67 — Mme de M.*** — Têtes de fantaisie — Sujets. Onze p.

Henriquel-Dupont

68 — Orléans (Ferd., duc d'). 1830. Tr. b. épr., impr. en
coul.

Hervier (Adolphe)

69 — Sujets divers. Suite de 14 p. T. b. épr. sur chine.

Janinet (J.F.)

70 — Coiffures de Femmes. Quatre p., ovales imp. en coul.

Jean (à Paris chez)

71 — Généraux de l'Empire : Suchet — Dumonsceau —
Brune — Bruix — Boudet — Moreau — Malher — Gour-
don — Jourdan — Kellermann — Le Clerc — Fauconnet
— Beaumont — Bernadotte. Quatorze p. B: ép.

Jongkind (J.B.)

72 — Marines et Paysages. Quinze p. y compris des doubles
B. ép.

Lancret (d'après N.)

73 — Les Amours du Bocage, par de Larmessin (E. B. 8.).
Sup. ép. m.

74 — *Dans cet aimable solitude...* par Cochin fils (24).
Tr. b. ép. m.

Le Barbier l'aîné (d'après)

75 — La Prudence en défaut — Le Mari dupe et content.
Deux p. par Patas. B. ép. t. m.

Leu (Th. de)

76 — Bl. de Vigenère — Anne de Joyeuse — Elisabeth
d'Autriche — Duc d'Epernon — Ch. de Bourbon, etc.
Douze p. B. ép.

Lithographies

77 — La Leçon de flûte, par Hattenberger, 1816, fort rare
— Arabe du désert — Chef arabe, par Gros, 1817 —
Enfant tirant de l'arc, par le Cte de Chambord. Quatre
p. B. ép.

78 — Sujets divers — Paysages. Dix-sept p., par Charlet,
Delacroix, P. Huet, etc., plusieurs av^t l. l.

79 — Cris de Paris, par C. Vernet — Revue des Théâtres
— Ce qu'on dit... Costumes, par Gatine. Quarante p.

Mallet (d'après)

80 — Histoire de i'Amour. Suite complète de 4 p. in fol.
par Prot et Dissard. B. ép. impr. en coul. m.

Méryon (Ch.)

81 — Le petit Pont. B. ép. exir. de *l'Artiste*

Monnier (Henry)

82 — Théâtre des Variétés: Mme Vautrin, Blondin,
Daudel, Odry, Tr. b. ép., coloriées.

Napoléon 1er (Estampes relatives à)

83 — Napoléon sur son lit de mort, par le Capitaine
Marryat, fort race — Générosité de Napoléon — Cou-
ronnement de Napoléon., Cinq p. B. ép.

ORNEMENTS

84 — **KLEINER** (S.) Décorations d'appartements. Neuf p. par
Corvinus, Thelott, à t. m.

85 — **LA LONDE** — **WATTEAU.** Vases et Gobelets — Corniches
et Moulures (6 p.) — Arabesques Treize p. B. ép.

86 — **LEPAUTRE** (J.) Cheminées — Frises — Plafonds. Qua-
rante-sept p.

87 — **LEPAUTRE** et **PERELLE**, Modèles de Jardins. — Perspec-
tives de Jardins — Grilles ornées. Vingt-huit p. B. ép.

88 **SAINT-AUBIN.** Différents bouquets de fleurs, i^{er} cahier.
Quatre p. à gr. m.

Ossenbeck (J.)

89 — La Cafarelle (B. 25). B. ép. de la coll. R. Dumesnil.
Rare.

Paris (Estampes relatives à)

90 — Plans de Paris en 1726, 1786 et 1825, 3 p. in-fol. — Fac-simile du plan de Paris, par O. Truschet et G. Hoyau, en 8 pl. (1877) — Fac-simile du plan de Paris. de Gomboust, en 10 pl. (1868), 2 exempl. dont un sur parchemin En tout trente-deux p. in-fol.

91 — Vues de Paris, par Couché fils. Quarante p. impr. en 10 pl.

Pièces historiques

92 — Bal masqué pour le mariage du Dauphin avec Marie-Thérèse d'Espagne — Pompe funèbre de la reine de Sardaigne. Deux p. in-fol. par Cochin fils. la 2e av^t l. l.

93 — Arc de Triomphe de l'Etoile — Napoléon sur la Colonne — Colonne triomphale. Trois p., rares.

94 — Au courage malheureux — Soldat moissonneur — Gloire et Regrets — Les Parisiens volontaires, etc. Sept p., rares.

95 — Alliance de la France et de l'Espagne — Vue générale de Paris (18e siècle) — Bordeaux — Allégories, etc. Treize p. in-fol., plusieurs rares.

96 — Pompe funèbre d'Albert, archiduc d'Autriche, par C. Galle, 63 p. — Pompe funèbre de Charles-Quint. 29 p. En tout 92 p.

Portraits

97 — Frédéric-Guillaume de Prusse — Marie Fedorowna — Alexandre 1er, Emp. de Russie — La Reine Victoria. Six p. par Townley, Wright, Sergent, etc. B. ép.

98 — Henri IV — Marie de Médicis. Huit p., par Th. de Leu. I. Fornazeris, F. Valegio, etc. B. épr.

99 — N. Piccini — Mis de Marigny — Louis XVIII — Wieland — Cte d'Artois, etc. Onze p. par Cochin, Cathelin, Lempereur, un imp. en coul.

100 — Louis, Dauphin de France. — F. de Ve'asco — Chevalière d'Eon — Beranger, etc. Treize p. par Th. de Leu, R. Collin, J. Morin, Choffard, quatre av^t. l. l.

101 — Rois de France et d'Angleterre — Personnages divers. — Comtes de Hollande. Deux-cents-cinquante p., suite d'Odieuvre. Flippart, etc. en 1 vol. in-4 cart.

Recueils

102 — Voyage pittoresque de Constantinople et du Bosphore, Collection des planches, par Melling, 1819, 1 vol. in-fol., cart.

103 — Atlas souterrain de la ville de Paris — Paris *Ch. de Mourgues* 1859. 1 vol., in-fol.

104 — Atlas topographique de la France, *Paris, Hachette* 1874 — Atlas universel, de Dufour — *Paris, Paulin, 1860.* 2 vol., cart.

105 — *Algérie historique, pittoresque et monumentale* — Paris, **DELAHAYE** 1843 — 3 vol. in-fol. cart. contenant de nombreuse lith. par divers artistes.

Reynolds (d'après Sir Joshua)

106 — La Duchesse de Marlborough — Tête de jeune Femme. Deux p. in-8 en m-noire, la 2ᵉ par J. Watson, coloriée. B. ép. M.

Ribot (Th.)

107 — La Prière — Les Eplucheurs — Le Mets brulé — Un Contrebandier. Quatre p. Tr. b. ép. t. m.

Rops (Félicien)

108 — L'Affûteur (R. 57). Rare ép. du 4ᵉ état avᵗ. l. l.

Ruysdael (J.)

109 — Le petit Pont (B. 1) — La Chaumière au sommet de la Colline (3). Deux p.

Silvestre (Israël)

110 — Vues d'Italie. Quarante-quatre p. Tr. b. ép.

Stradan (d'après Jean)

111 — Estampes sur la chasse, par H. Muller, 1570. Suite de 6 p. in-f. B. ép.

Vignettes

112 — Vignettes pour *la Pucelle*, de Voltaire. Dix p. Planches rares.

113 — Vignettes de Lefevre, pour Télémaque, av^t. l. l. — Pygmalion, par Eisen et Duclos, av^t. l. l. — Cartouche, de Choffard, hors texte. Vingt-quatre p.B. ép.

114 — Vignettes pour Restif de la Bretonne, Marmontel, Abbé Prévost, Lucrèce. etc. Quatre-vingt p.

115 — La Bible. Cent-soixante p., par Marillier. avant l. l.

116 — Nouveau Testament — Métamorphoses d'Ovide. Cent-dix p., par Marillier. avant l. l.

Watteau (d'apr. Ant.)

117 — Fêtes au dieu Pan, par Aubert (40). Sup. ép. m.

DESSINS

Ecole Française

118 — Sujets divers. Dix dessins par ou attribués à Cochin, Boucher, Lépicié, St-Aubin.

119 — Sujets divers — Paysages. Dix-sept dessins.

120 — Sujets divers — Paysages — Etudes. Vingt dessins anciens.

121 — Sujets divers. Vingt-cinq dessins anciens.

122 — Sujets divers. Trente dessins modernes par ou attr. à Valério, Steinlen, Mettling et autres.

123 — Quarante dessins modernes par ou d'ap. Mettling, Johannot, Flers etc.

Ecoles Flamande et Hollandaise.

124 — Sujets divers — Paysages. Vingt dessins anciens.

Ecole Italienne

125 — Sujets religieux — Paysages. Vingt-cinq dessins par ou attr. à Titien, Bolognèse, Testa et autres.

126 — Sujets religieux et Paysages. Trente-quatre dessins anciens.

127 Sous ce n° il sera vendu par lots environ quatre mille dessins anciens et modernes.

128 — Sous ce n° il sera vendu plusieurs lots d'estampes.

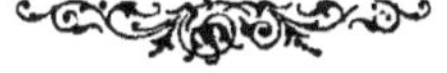

Imp. A. Charles, 26, Rue Rambuteau — Paris